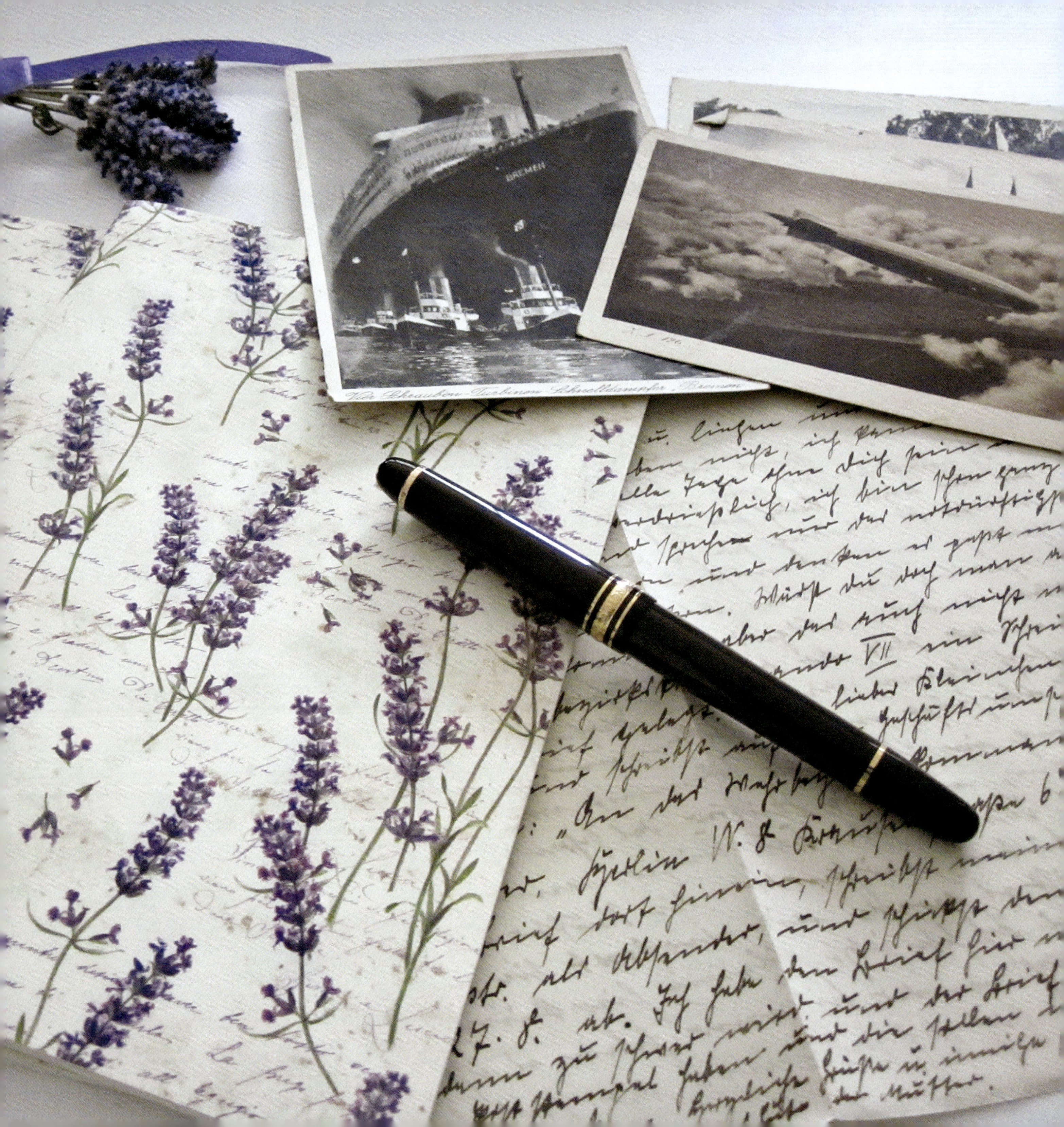

Sabine Krämer-Uhl &
Jasmin Fischer

LAVENDEL
LIEBE

Dekoration, Tricks
und Rezepte mit
dem Zauberkraut

VORWORT

Lavendel ist viel mehr als nur eine Pflanze. Lavendel betört unsere Sinne durch seinen Duft, durch seine Farbe und sein unverwechselbares Aroma. Er wächst als Zierpflanze sowohl im kunterbunten Bauerngarten als auch in den durchgestylten Beeten der Landschaftsarchitekten.

Lavendel gedeiht aber auch im Kräutergarten und bringt Heilung, da er über beruhigende, entspannende und desinfizierende Eigenschaften verfügt. Das ist keine spirituelle Glaubensfrage, sondern wissenschaftlich bewiesen. Und Lavendel regt unsere Geschmacksnerven an, denn er verfeinert zahlreiche Küchengerichte.
Ganz egal ob Fisch, Fleisch oder Gemüse – er gibt fast allem eine außergewöhnliche Geschmacksnote.

Sein Duft vertreibt einerseits Mücken und hält uns auf diese Weise die Plagegeister vom Leib, andererseits zieht er Hummeln, Bienen und Schmetterlinge an, so dass es nur so summt und brummt im Lavendelbeet.

Last but not least begeistert Lavendel als natürlicher Zusatz in Kosmetikprodukten, wo nicht nur seine duftenden, sondern auch (haut-)pflegenden Eigenschaften zum Tragen kommen.

Kurzum – Lavendel gehört zu den beliebtesten und vielseitigsten Pflanzen und es lohnt sich, seine herausragenden Qualitäten voll auszukosten.
In diesem Buch schöpfen wir aus dem Vollen.

Auf geht's!

LAVENDEL WISSEN

Denken wir an Lavendel, haben wir die violett wogenden Lavendelfelder der Provence vor Augen. Tatsächlich gibt es Lavendel aber in verschiedenen Farben und Sorten. Die farblichen Nuancen reichen von Hellblau über die ganze Bandbreite von Lila und Violett bis zu Hellrosa und sogar Weiß.

Der Sortenreichtum ist ebenso vielfältig: Es gibt niedrig wachsenden Lavendel, der sich vor allem einzeln für die Topfkultur auf dem Balkon eignet oder in Gruppen gepflanzt als Bodendecker im Garten. Der mittelhoch wachsende Lavendel erreicht circa 60 Zentimeter. Dagegen beansprucht der bis zu einem Meter hochwachsende Lavendel auch in der Breite entsprechend viel Platz im Garten.

Provenzalische Ferienträume hin oder her, überraschenderweise kommt der hierzulande angebotene Echte Lavendel (Lavandula angustifolia) meist aus Südengland und wird daher auch Englischer Lavendel genannt. Auf den weitläufigen Feldern der Provence wächst hingegen überwiegend Lavandin, eine Kreuzung aus Lavandula angustifolia und Lavandula latifolia. Lavandin hat üppigere Rispen, weswegen diese Sorte vor allem für die industrielle Weiterverarbeitung, z. B. in kosmetischen Produkten oder Ölen, verwendet wird. Der Echte Lavendel jedoch verfügt über das stärkere Duftaroma, obwohl er nur eine mittlere Wuchshöhe erreicht und lediglich eine Rispe je Stängel hervorbringt. Dass er im Laufe der Zeit in Südengland heimisch wurde, hat er übrigens zum einen Queen Victoria zu verdanken – die eine begeisterte Lavendelliebhaberin war – zum anderen dem milden Klima in der Region. Denn in London mag der Nebel sprichwörtlich sein, doch dank des Golfstroms sind im Südwesten Englands die Winter mild und die Sommer heiß und trocken.

LAVENDEL GARTEN

Aus der Grafschaft Kent, unmittelbar aus einem alten, ummauerten Viktorianischen Garten, stammt der bekannte Downderry Lavendel. Der Sammler und Züchter Dr. Simon Charlesworth und seine Frau Dawn erhielten für ihr einzigartiges, mittlerweile 350 Arten und Sorten umfassendes Lavendelsortiment bereits den Status „National Plant Collection"; diese Auszeichnung ist zugleich Würdigung ihrer Leistung und Verpflichtung, zur botanischen Biodiversität beizutragen. Von hier werden die verschiedenen Lavendelsorten, die so vollmundige Namen wie „Coconut Ice", „Melissa Lilac", „Heavenly Night" oder „Silver Sands" tragen, in die ganze Welt verschickt.

Die Qual der Wahl unter den verschiedenen Sorten fällt etwas leichter, wenn man sie geschickt kombiniert. Nach dem Motto „Gegensätze ziehen sich an", ergeben Lavendel und Allium beispielsweise eine hervorragende Komposition: Die eher staksig wirkende Statur des Alliums verschwindet zwischen buschig niedrigen Lavendelbüschen und allein die hübsche ballförmige Blüte lugt darüber hervor.

Lavendel und Rosen harmonieren nicht nur aufgrund der unterschiedlichen Wuchsformen und vielfältigen Möglichkeiten der Farbkompositionen miteinander. Sie gehen sozusagen eine umwelt-schonende Symbiose in Sachen Schädlingsabwehr ein, denn Blattläuse lieben Rosen — den Lavendel können sie aber gar nicht gut riechen. Also bleiben sie ihrer Liebe fern.

Angesichts von Klimawandel und immer heißeren und trockeneren Sommern ist Lavendel eine Pflanze der Zukunft und für den heimischen Garten eine ausgezeichnete Wahl. Trockene, karge Böden und ein vollsonniger Standort schaffen beste Voraussetzungen für ein gutes Gedeihen. So eignen sich die niedrigeren Sorten sogar für die Dachbegrünung. Seine Blüten entfaltet der Lavendel von Juni bis September. Im Herbst schneidet man ihn bis kurz vor das trockene Holz zurück, so behält er stets seine kugelige Form.

LAVENDEL ANWENDUNG

Die Lavendelblüten-Ernte erfolgt am besten kurz vor dem Aufblühen an einem trockenen, sonnigen Tag, denn dann entfaltet sich das Aroma am stärksten. Die Blüten sind je nach Zweck sofort frisch verwendbar oder sie werden zunächst getrocknet. Dafür schneidet man sie am besten mindestens 10 cm lang mit Stiel vom Strauch und hängt sie kopfüber gebündelt an einem schattigen, trockenen Ort auf.

Öl mit Lavendelaroma ist vielfältig verwendbar. Ein einfaches Öl kann man grundsätzlich selbst auf Basis eines guten Pflanzenöls herstellen. Es wird qualitativ aber nie an ein hochwertiges Produkt heranreichen. Die Herstellung solch eines Öls ist sehr aufwändig: Man benötigt ein Destillationsgerät und ca. 150 Kilo Blüten für 1 Liter Öl. Für Heilzwecke oder als Duftöl bzw. zur Aromatisierung besorgt man also am besten ein biologisches, ätherisches Öl (kein chemisches Duftöl!) im Reformhaus oder in der Apotheke. Aber Vorsicht: Ätherische Öle niemals unverdünnt anwenden und ggf. in der Armbeuge auf allergische Reaktionen testen. Auch sollte man sie nur sparsam verwenden, denn sie sind leider schwer abbaubar.

Wie Lavendel zu Dekorationszwecken verwendet oder als Öl in Seife, Spülmittel und Ähnlichem zugesetzt werden kann, wird im Folgenden ausführlich erklärt.

Lavendel begeistert nicht nur Garten- und Balkonbesitzer. Lavendel ist so dekorativ, dass er mit Leichtigkeit zu eigener Kreativität anregt. Die folgenden Ideen sind als Inspiration gedacht, um schnell und ohne viel Gedöns etwas Schönes zu erschaffen — als Mitbringsel, Geschenk oder einfach für einen selbst. Es geht nicht um Perfektion, sondern um die Freude am Selbermachen.

Darum ist es auch nicht nötig, sich durch lange Einkaufslisten zu quälen. Die meisten Natur- und Bastelmaterialien — Tonpapiere, Farbstifte, Stempel, Label-Stanzer, Bänder oder Ähnliches — hat man sowieso zu Hause oder es gibt sie im nächstgelegenen Hobbygeschäft. Im Zweifel findet man etwas anderes, das sich genauso gut verwenden lässt.

Lettering ist vielseitig einsetzbar und eignet sich für Grußkarten, im Briefkopf, auf Banderolen, unifarbenen Geschenkpapieren oder als kleines Kunstwerk im Rahmen. Hier gilt wie so oft: Der Fantasie sind keine Grenzen gesetzt.

Lavendel KUNST

MATERIAL

1 Bogen Tonpapier
(18 x 24 cm, cremefarben)
Fineliner (schwarz)
Aqua-Brushpens (rosa, lindgrün)
Bilderrahmen (Innenmaß 18 x 24 cm)

Ein selbst gezeichneter und eingerahmter Lavendelstrauß ist ein toller Blickfang – nicht nur an der Wand, sondern auch auf einem Regalbrett in der Küche oder im Gartenhaus. Wer weiß, vielleicht wird mit der Abbildung weiterer Pflanzen aus dem Kräuterbeet sogar eine ganze Galerie daraus.

Ihn herzustellen ist ganz einfach: Den Lavendelstrauß mit dem Schriftzug gemäß der Vorlage von Seite 83 mit Fineliner auf das Tonpapier übertragen.

Die Coloration nun mit den Brushpens ausführen.

Die Farbe trocknen lassen, das Tonpapier rundum auf das Innenmaß des Bilderrahmens zuschneiden und einrahmen.

Saat GUT

MATERIAL

Fotokarton (creme, schwarz)
Fineliner (schwarz)
Aqua-Brushpens (rosa, lindgrün)
Label-Stanzer (Wellenrand, rund)
Marker (silbergrau)
Papierschere
Klebstoff
Papiertüten, Umschläge o. Ä.
Saatgut vom Echtem Lavendel

Lavendel kann man bereits im Februar/März auf der Fensterbank aus Saatgut von komplett ausgereiften Blüten des Echten Lavendels heranziehen. Dafür verwendet man am besten spezielle Anzuchttöpfe. Die Anzuchterde sollte mit einer Sprühflasche nur leicht feucht gehalten werden. Der Standort muss hell und warm sein. Eine Tüte mit Saatgut vom Vorjahr aus dem eigenen Garten eignet sich prima als Geschenk.

Die getrockneten Lavendelblüten vorsichtig zwischen den Fingern zerreiben und die Samen in einer kleinen Schale beiseite stellen. Auf den cremefarbenen Karton mit Fineliner drei Blütenstiele der Vorlage von Seite 83 verkleinert übertragen und mit Aqua-Brushpens colorieren.

Mithilfe des Stanzers aus schwarzem Fotokarton ein rundes Label mit Wellenrand stanzen und mit dem silbergrauen Marker in jede Rundung einen Punkt setzen.

Die Lavendelblüten aus dem cremefarbenen Fotokarton ausschneiden und mittig auf das Label kleben, dieses dann auf der Papiertüte fixieren.

Mit Saatgut füllen und verschließen.

Klapp KARTE

Ein Kartengruß mit Lavendelblüte eignet sich zu fast jeder Gelegenheit.

Aus dem cremefarbenen Fotokarton eine große Klappkarte falten. Für eine gerade Falzkante das Falzbein verwenden.

Außerdem ein ovales Label ausstanzen. Das Label vertikal ausrichten und mit dem Cutter mittig quer zwei kleine Schlitze anbringen. Durch diese die beiden Lavendelstängel stecken. Das Ganze beiseitelegen.

Den karierten Tonkarton quadratisch zuschneiden und in die obere Kartenhälfte kleben. Vier Herzen aus dem gepunkteten Tonkarton und ein Herz aus dem lilafarbenen Tonkarton stanzen; aus dem hellgrauen Fotokarton ein kleines Rechteck zuschneiden. Nun alles dem Foto entsprechend aufkleben. Auf das kleine lilafarbene Herz kommt mittig eine Klebeperle.

Die Karte mit Fineliner beschriften und Punkt-Strich-Linien zeichnen. Ist die Karteninnenseite beschrieben, wird sie mit der Papierkordel und einem Knopf verschlossen.

Tipp: Wenn die einzelnen Papierlagen anstelle von Klebstoff mit Doppelklebepads fixiert werden, bekommen die Tags einen interessanten 3D-Effekt.

LAVENDER LOVE

Lavendel PRÄSENT

MATERIAL

Geschenktüten (weiß, blanko)

Fineliner (schwarz)

Selbstklebende Punkte (verschiedene Größen und Farben)

Geschenkband (lila)

In einer selbst gestalteten Papiertüte überreicht wird aus jungen Lavendelpflanzen ein liebevolles Geschenk mit Wachstumspotential.

Die Tüte flach zusammengefaltet auf die Arbeitsfläche legen und den Schriftzug anhand der Vorlage von Seite 88 mittig auf die Vorderseite mit schwarzem Fineliner übertragen.

Die Punkte in unterschiedlichen Größen und Farben wie Konfetti verstreut rund um den Schriftzug aufkleben.

Die Tüte auseinanderfalten, das Lavendeltöpfchen in die Tüte stecken und an einem Henkel lilafarbenes Geschenkband zu einer Schleife binden.

Tipp: Der Topf sollte entweder wasserdicht sein oder zusätzlich in eine kleine Plastiktüte gesteckt werden, damit die Papiertüte nicht aufweicht.

Geschenk

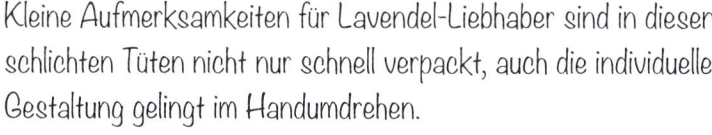

TÜTE

MATERIAL

Wickeltüte aus Packpapier

Fineliner (schwarz)

Selbstklebende Punkte
(verschiedene Größen und Farben)

Holz-Wäscheklammern

Kleine Aufmerksamkeiten für Lavendel-Liebhaber sind in diesen schlichten Tüten nicht nur schnell verpackt, auch die individuelle Gestaltung gelingt im Handumdrehen.

Die Tüte jeweils flach zusammengefaltet auf die Arbeitsfläche legen. Den Schriftzug anhand der Vorlage von Seite 88 oder 89 mittig auf die Vorderseite mit schwarzem Fineliner übertragen.

Für die verspielte Variante: Die Punkte in unterschiedlichen Größen und Farben wie Konfetti verstreut rundum den Schriftzug aufkleben.

Die Tüte auseinanderfalten und füllen, den oberen Rand umknicken, und die Tüte mit einer Holz-Wäscheklammer verschließen.

Für die elegante Variante: Die Tüte auseinanderfalten und füllen, den oberen Rand nach vorne umknicken und einfach mit einem großen, goldfarbenen Klebepunkt verschließen.

Kuschel KISSEN

MATERIAL

Baumwollstoff

Strickliesel (4 Haken)

Stickgarn oder gedrehtes
Baumwollgarn (lila, grün)

Stickring

Nähnadel

Nähgarn (farblich passend)

Kissen-Inlet

Aus Baumwollstoff einen Kissenbezug in der gewünschten Form und Größe nähen. Für Vorder- und Rückseite können ganz beliebig unterschiedlich gemusterte oder unifarbene Stoffe gewählt werden.

Die Vorderseite, die bestickt wird, sollte jedoch auf jeden Fall kleingemustert sein, damit die Stickerei deutlich sichtbar wird. Hier ist es ein lilafarbener Stoff im klassischen Vichy-Karo.

Eine Kissenseite sollte mit Reißverschluss oder Knöpfen verschließbar sein. Alternativ ist ein Hotel-Verschluss die einfachste Lösung.

Mit der Strickliesel je Lavendelblüte einen Strang mit lilafarbenem Garn und einen mit grünem Garn stricken. Je nachdem, wie groß die Lavendel-Applikation gewünscht ist, haben die Stränge eine Länge zwischen 10 und 15 cm.

Die Stoffvorderseite des Kissenbezugs in einen Stickring einspannen und den grünen Strang vertikal aufnähen. Den lilafarbenen Strang zickzackförmig um den oberen Teil dieses Strangs aufnähen.

Insgesamt so viele Lavendelblüten wie gewünscht fertigen und nebeneinander aufnähen.

Summer MEMORIES

MATERIAL

Foto
Schneekugel

Wer die Lavendelblüte im Foto festhält, hat das ganze Jahr eine schöne Erinnerung an den Sommer. Eingerahmt in eine Schneekugel wird daraus ein praktisches Utensil, um Notizen oder Ähnliches zusammenzuhalten.

Bild von einer Lavendelblüte auf die passende Größe der Schneekugel zuschneiden.

Die Schneekugel nach Anleitung öffnen und das Bild im Inneren befestigen. Dann die Kugel wieder schließen.

Tipp: Die Schneekugeln gibt es in kleinerer Version auch als Magnet, etwa um die Zettelwirtschaft in der Küche in den Griff zu bekommen.

Klemm BORD

MATERIAL

Klemmbord (Pappe)
Fotokarton (weiß)
Fineliner (schwarz)
Brushpen (schwarz)
Aqua-Brushpen (lila)
Mini-Motivstempel (Blätter)
Washi-Tape (lila-weiß gepunktet)
Kordel
Bleistift

Wer gärtnert, weiß ein Notiz- oder Gartentagebuch zu schätzen. So lassen sich Beobachtungen und Erfahrungen festhalten, um zukünftig Fehler zu vermeiden und Erfolge zu wiederholen. Manchmal sind es aber auch nur ein paar Dinge, die man für den nächsten Einkauf notieren möchte. Dann ist ein Zettelblock ebenfalls hilfreich für schnelle Notizen.

Hier werden die Notizzettel von einem Klemmbord festgehalten. Das schmückende Deckblatt macht daraus einen Eyecatcher.

Für das Deckblatt den Schriftzug anhand der Vorlage von Seite 85 mittig mit schwarzem Fineliner und den Brushpens auf den Fotokarton übertragen.

Mit Stempelmotiven und den Aqua-Brushpens den Schriftzug ausgestalten und parallel zum oberen und unteren Papierrand mit farblich passendem Washi-Tape bekleben.

An die große Klammer des Klemmbretts eine Kordel mit Bleistift binden.

Simply LAVENDER

In Bezug auf Schönheit, Konstitution und Wirkung ist der Lavendel von der Natur geradezu begünstigt, um nicht zu sagen: Er ist perfekt.

Die hübschen, grazilen Blütenstängel lassen eher Empfindlichkeit vermuten, tatsächlich ist die Pflanze aber äußerst anspruchslos und robust. Die ährenförmigen Blüten betören und nützen gleichermaßen durch den intensiven Duft und begeistern angesichts der ausdrucksstarken Farbenvielfalt, die den Lavendel mal verspielt, mal zart, mal elegant wirken lässt.

In den silbrig-grau-grünen Stängeln steckt das ätherische Öl, das sehr ergiebig ist. Denn ob man es nun in ein Glas Mandelmilch mit Honig gibt, um Entspannung zu finden, oder bei der Seifenfabrikation zusetzt, um die Haut sanft zu pflegen — es reichen stets wenige Tropfen, um seine Wirkung zu entfalten.

Genießen wir den Lavendel also in all seiner Vielseitigkeit.

Flower POT

Alte oder unscheinbare Pflanztöpfe bekommen im wahrsten Sinne des Wortes einen neuen Twist — mit Jutekordel.

Zuerst den Topf mit Doppelklebeband rundum bekleben, dann von unten nach oben ganz gleichmäßig und eng mit der Jutekordel umwickeln.

Das Kordelende am Anfang und Ende jeweils mithilfe der Scherenspitze vorsichtig unter die nächste bzw. vorangegangene Kordelreihe stecken, ggf. zusätzlich mit einem Tupfer Klebstoff fixieren.

Tipp: Den Topf nicht komplett umwickeln, so dass ein Rand wie eine Bordüre sichtbar bleibt.

Nun kann man die Lavendelpflanze hineinstellen und das Schmuckstück aufstellen.

Garten GLÜCK

Um Lavendelstecklinge selbst heranzuziehen oder auch für klein-wüchsige Sorten ist ein Pflanzkasten ideal, in dem die zarten Pflänz-chen windgeschützt wachsen können.

Eine ausrangierte Obststiege reinigen und evtl. abstehende Holz-späne entfernen. Die beiden Vierkanthölzer mit der Stichsäge auf dieselbe Länge bringen, die die Vierkanthölzer in den vier Ecken der Obststiege haben. Diese Hölzer ungefähr mittig an den langen Innenkanten der Obststiege festschrauben. Dafür vorher an den entsprechenden Stellen mit dem Holzbohrer Löcher bohren.

Die Obststiege vertikal aufstellen und quer die Länge zwischen den Außenkanten der jeweils gegenüberliegenden Vierkanthölzer ausmes-sen. In dieser Länge die beiden Holzleisten zusägen und parallel untereinander an die Kopfseiten der unteren vier Vierkanthölzer bohren bzw. schrauben. Eventuell zur Stabilisation zusätzlich von innen vertikal weitere Holzleisten anbringen. Auf diese Weise ent-steht ein Kasten, der zwei bis drei kleinen Töpfen Halt und von der Rückseite Windschutz bietet.

Zum Schluss das Holz rundum mit weißer Outdoor-Acrylfarbe deckend streichen, ggf. vorab mit Holzwetterschutz behandeln.

Lavender HOOP

Die Lavendel- und Rosmarinzweige auf ca. 10 cm Länge kürzen. Eventuell vorhandene Blätter von den Lavendelstielen entfernen.

Vom Wickeldraht zwei ca. 10 cm lange Stücke abschneiden. Die Zweige gleichmäßig bündeln, so dass sowohl zur rechten als auch zur linken Seite Blüten und Rosmarinblätter zeigen. Dieses Bündel mittig mit einem Draht zusammenbinden.

Das Bündel mit dem zweiten Wickeldraht am Drahtring fixieren. Aus den Enden eine kleine Schlaufe als Aufhängung formen.

In die Mitte des Hoops wird ein kleines Stoffherz oder eine ähnliche Dekoration gehängt, die man gerade zur Verfügung hat. Das Stoffherz lässt sich aber auch ganz einfach aus einem kleinen Stoffrest nähen, mit einem Schriftzug oder Perlen besticken und mit etwas Polyesterwatte füllen.

Tipp: Wenn man die Rosmarinblätter ein wenig zwischen den Fingern reibt, entfalten sie genau wie der Lavendel einen angenehmen Duft.

Bread Sticks

MATERIAL

(für ca. 12 Sticks)

200 g Weizen- oder Dinkelmehl
Type 550

½ Päckchen (Bio-)Trockenhefe

1 TL Salz

½ TL Zucker

120 ml Wasser

30 ml Olivenöl

2 EL Lavendelblüten (getrocknet)

Olivenöl zum Bestreichen

Mediterrane Bread-Sticks sind ideale Begleiter zur Suppe, zum Salat oder zu Dips. Bei gleichem Grundrezept schmecken sie je nach Kräuter- und Gewürzzutaten immer wieder anders. Wir backen natürlich die provenzalische Variante — mit Lavendelblüten.

Mehl, Salz, Zucker und Hefe vermengen. Wasser, Olivenöl und getrocknete Lavendelblüten dazugeben, dann alles zu einem glatten Teig kneten.

Den Teig zu einer Kugel formen, mit Mehl bestäuben und mit einem Leinentuch abgedeckt 1 Stunde gehen lassen.

Den Teig nochmals durchkneten und auf der Arbeitsfläche flach, circa 0,5 cm dünn, ausstreichen.

Aus der Teigplatte Streifen schneiden, die jeweils ca. 1 cm breit und 15 cm lang sind. Auf ein mit Backpapier ausgelegtes Backblech legen und mit etwas Olivenöl bestreichen.

Backofen auf 200 °C vorheizen und 15 bis 20 Minuten backen.

Lavendel PESTO

MATERIAL

(für ein 150g-Glas)

1 großer Bund Basilikum

100 ml Olivenöl

1 große, gehackte Knoblauchzehe

60 g frisch geriebener Parmesan

30 g geröstete und zerkleinerte Walnüsse

Salz und Pfeffer

3 Lavendelblüten (getrocknet)

Klassischerweise wird Pesto mit Pinienkernen zubereitet. Doch hier gibt es eine Rezeptvariation mit frisch gehackten Walnüssen und getrockneten Lavendelblüten:

Basilikumblätter zupfen und waschen, trocken tupfen. In den Mixer geben, mit Olivenöl und Knoblauch zerkleinern.

Walnüsse und Parmesan dazugeben und nochmals pürieren.
Mit Salz und Pfeffer würzen.

Das Pesto in ein Glas füllen und obenauf die Lavendelblüten streuen. Geschlossen hält es sich im Kühlschrank ca. 4 Wochen.

Pot POURRI

Wörtlich übersetzt bedeutet „pot pourri" eigentlich „verfaulter Topf". Doch die Düfte, die aus dieser Komposition aufsteigen, sind sehr wohlriechend.

Die getrockneten Lavendelblüten vom Stängel schneiden, in ein geeignetes, offenes Gefäß füllen. Es sollte nach oben hin eine weite Öffnung haben.

Nach Belieben mit einer frischen Blüte schmücken. Hier ist es eine Nelke, doch Rosen eignen sich auch hervorragend.

Mit der Zeit lässt der Lavendelduft etwas nach, dann die Blüten einfach ein wenig zwischen den Fingern zerreiben und schon verströmt der Lavendel wieder sein herrliches Aroma.

Bade SALZ

Das Original-Salz vom Toten Meer enthält außer dem namengebenden Salz noch zahlreiche weitere Mineralien wie Jod, Eisen, Kieselsäure, Kalium oder Magnesium, die sowohl für die Haut als auch für den Körper gesundheitsfördernd sind.

Kombiniert man diese positiven Eigenschaften obendrein mit dem Entspannungseffekt des Lavendels, ist ein wohltuendes Wannenbad fast das Paradies auf Erden.

Auf 250 g Badesalz 15 bis 20 Tropfen Lavendel-Duftöl geben und mit einem Löffel durchmischen.

Anschließend 2 EL Lavendelblüten untermischen.

Das Ganze in ein gut verschließbares Glas oder ein anderes geeignetes Behältnis geben und ein bis zwei Tage ziehen lassen.

Für ein Bad nimmt man jeweils zwei bis drei Esslöffel der Mischung und löst sie im warmen Wasser auf.

Seifen KISTE

MATERIAL

Rohseife
Lavendel-Duftöl
2 Kochtöpfe (für Wasserbad)
Seifen-Gussform
Küchenraspel
Löffel
Ggf. getrocknete Lavendelblüten

Die Rohseife mithilfe der Küchenraspel in einen kleinen Kochtopf raspeln. Den kleinen Topf in einen großen mit Wasser gefüllten Topf hängen und die Rohseife im Wasserbad langsam erhitzen.

Das Lavendel-Duftöl in die Masse tröpfeln, je nach gewünschter Intensität mehr oder weniger Tropfen verwenden. Für ein handgroßes Seifenstück reichen 5 Tropfen.

Sobald die Masse geschmeidig ist, wird sie in eine Gussform geschüttet. Nach einigen Stunden ist die Masse abgekühlt und kann vorsichtig aus der Form gelöst werden.

Als Geschenk können die Seifenstücke in passendes Motivpapier eingewickelt und mit frischen Lavendelblüten verziert werden.

Tipp: Getrocknete Lavendelblüten können auch direkt in die flüssige Rohseife eingerührt werden. Damit die Blüten aber später nicht auf der Haut kratzen, sollte man sie vorher für ein paar Stunden in Öl einweichen.

Pressed FLOWERS

Schön gleichmäßig gewachsene Lavendelblüten — eventuell noch mit ein, zwei Blättchen am Stiel – in einer Blumenpresse pressen. Anstelle einer Presse kann man die Blütenstiele auch zwischen zwei Löschblätter unter einen Bücherstapel oder in ein sehr schweres Buch legen.

In jedem Fall dauert die Liegezeit, bis die Blüten fertig gepresst und getrocknet sind, ein paar Tage.

Die Blüten dann ganz vorsichtig aus der Presse oder zwischen den Löschblättern hervorholen. Da sie getrocknet sind, können sie nämlich leicht brechen.

Die getrockneten Lavendelrispen in dem gewählten Rahmen zum Bildobjekt arrangieren. Hier wurde ein antiker Fotorahmen mit zwei Glasplatten verwendet, es eigenen sich aber auch andere Rahmen.

Tipp: In Harz gegossen als Briefbeschwerer oder auf Papier laminiert für einen Buchdeckel lassen sich gepresste Blüten ebenfalls sehr dekorativ verwenden.

Lavender
HOUSEKEEPING

Zu Hause stapeln sich nicht nur die Bügelwäsche und das Geschirr. Auch der Putzschrank ist chaotisch vollgestopft – mit einer ganzen Armee an Reinigern für jedes kleine oder große Putzvorhaben.

Dabei sind Scheuermilch, Hygiene- und Kraftreiniger meistens chemische Keulen, die durch giftige und ätzende Dämpfe nicht nur gesundheitsschädlich für uns sind, sondern auch die Umwelt folgenreich belasten.

Höchste Zeit, umzudenken und auf biologische Reinigungsmittel zurückzugreifen. Wer das noch toppen will, der mischt seine Putzmittel selbst – und spart obendrein noch Plastik ein und produziert weniger Abfall. Das ist ganz einfach zu bewerkstelligen und wer weiß, vielleicht behaupten wir hinterher ja sogar, dass Putzen glücklich macht …

Geschirr SPÜLMITTEL

MATERIAL

20 g Kernseife
1 EL Natron
0,5 l Wasser
Lavendel-Duftöl
ggf. 1 Msp. Lebensmittelfarbe (blau)
Küchenreibe
2 Kochtöpfe
Trichter
Pumpspender

Das schmutzige Geschirr zu spülen gehört definitiv nicht zu den spaßigsten Aufgaben in der Küche. Aber nicht alles darf oder kann in die Geschirrspülmaschine. Also machen wir aus der lästigen Angelegenheit eine Aroma-Therapie, tröpfeln in das umweltfreundlich selbst hergestellte Spülmittel etwas Lavendel-Duftöl und schon stimmt die Bilanz zum Glücklichsein wieder.

Die Kernseife mithilfe der Küchenreibe in einen Kochtopf raspeln. In einem zweiten Kochtopf oder im Wasserkocher das Wasser zum Kochen bringen und über die Seifenraspeln gießen.

Sobald sich die Seife im Wasser gelöst hat, einen Esslöffel Natron dazugeben.

Die Flüssigseife etwas abkühlen lassen, circa 15 Tropfen Lavendel-Duftöl in die Lauge tröpfeln und das Ganze mithilfe des Trichters in einen Pumpspender füllen.

Achtung: Das selbstgemachte Spülmittel schäumt nicht, ist aber ebenso wirksam wie konventionelles Spülmittel. Bei besonders fettreichen Verschmutzungen zusätzlich einen Spritzer Essig ins Spülwasser geben.

Spül TÜCHER

MATERIAL

(je Spültuch ca. 25 x 25 cm)

25 g dünnes, weiches Baumwollgarn
(LL 90 m)

Stricknadeln 2,5 mm

Stopfnadel

Wir leben im Zeitalter der Microfaserputzlappen, und plötzlich sind selbst gestrickte Spültücher total hip?! Ja – denn herkömmliche Putzlappen belasten die Umwelt mit Microplastik. Da ist es nur logisch auf die Retro-Variante zurückzugreifen. Zumal die Spültücher aus 100 % Baumwollgarn bei 60 ° C in der Waschmaschine gewaschen werden können und – im Strukturmuster gearbeitet – außerordentlich wirksam reinigen. In den typischen Lavendel-Farben gestrickt, sind sie nicht nur ein toller Eyecatcher in der Küche, sondern auch ein originelles Mitbringsel.

80 Maschen anschlagen und in den Hin- und Rückreihen stets rechte Maschen stricken (Maschenprobe 38 Maschen x 37 Reihen = 10 x 10 cm).

Als Randmasche die letzte Masche ggf. nur abheben und nicht stricken. So fortfahren, bis die gewünschte Höhe bzw. die quadratische Form mit Seitenlängen von jeweils ca. 25 cm erreicht ist.

Den Arbeitsfaden ca. 20 cm lang abschneiden, durch die letzte Masche fädeln und fest anziehen. Die losen Fadenenden vernähen.

An eine Kante des Spüllappens ein Webband zum Aufhängen annähen.

Bügel WASSER

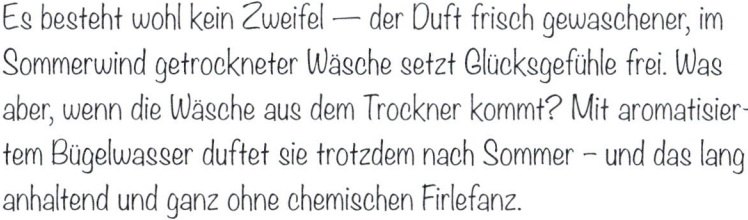

MATERIAL

50 ml Alkohol (40% Vol.)

0,5 l destilliertes Wasser

Lavendel-Duftöl

Trichter

Pumpspender oder Flasche

Es besteht wohl kein Zweifel — der Duft frisch gewaschener, im Sommerwind getrockneter Wäsche setzt Glücksgefühle frei. Was aber, wenn die Wäsche aus dem Trockner kommt? Mit aromatisiertem Bügelwasser duftet sie trotzdem nach Sommer – und das lang anhaltend und ganz ohne chemischen Firlefanz.

Circa 20 Tropfen Lavendel-Duftöl mit dem Alkohol mischen und mit destilliertem Wasser aufgießen.

In eine große Flasche füllen und daraus den Tank des Dampfbügeleisens auffüllen. Oder in einen Pumpspender geben und direkt auf die Bügelwäsche sprühen.

Tipp: Mit einem selbst gestalteten Etikett (s. Vorlage S. 84) wird ein praktisches Geschenk daraus.

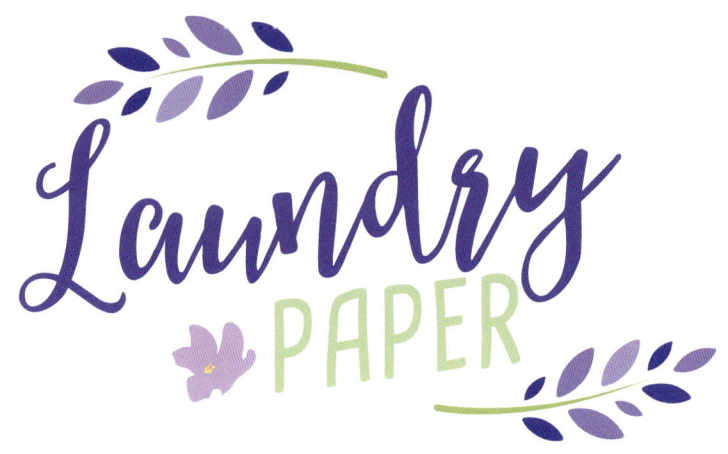

Laundry PAPER

MATERIAL

Motiv-Papier Lavendel
Lavendel-Duftöl

Es leistet kaum bemerkt seine Dienste in den Schubladen von Omas Wäschekommode oder in den Fächern des Kleiderschranks, dabei macht es Motten gründlich den Garaus – das parfümierte Schrankpapier.

Das Motiv-Papier doppelt so groß wie benötigt ausschneiden und mittig falten, so dass die Motivseite nach oben sichtbar ist.

Auf die untere Hälfte ein paar Tropfen Lavendel-Duftöl träufeln und das Papier mit dem Falz nach vorne in die Wäscheschublade oder das Schrankfach legen.

Hand CREME

MATERIAL

150 g Sheabutter

180 g Kokosöl (alternativ Jojoba-, Mandel- oder Olivenöl)

4-5 Tropfen Lavendelöl

Großer und kleiner Topf zum Schmelzen im Wasserbad

Kleine Cremetiegel

Haus- und Gartenarbeit strapaziert die Hände. Mit einer hautberuhigenden und pflegenden Lavendel-Creme kann man schnell Abhilfe schaffen. Da die hier beschriebene Creme keine Konservierungsstoffe enthält, sollte man die fertige Creme nicht einfach in eine einzige, große Dose abfüllen, sondern auf mehrere, gut verschließbare Tiegel verteilen und diese kühl lagern.

Die Sheabutter in den kleineren Kochtopf füllen und diesen in den mit Wasser gefüllten größeren Topf stellen.

Die Sheabutter auf dem Herd im Wasserbad schmelzen, bis sie flüssig ist. Das Kokosöl dazugeben und alles gut verrühren.

Den Topf von der Herdplatte nehmen. Das Lavendelöl in die flüssige Masse träufeln, dann die Masse in die kleinen Cremetiegel gießen und abkühlen lassen.

Duft
MUFFINS

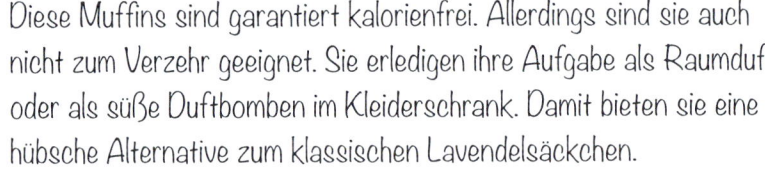

Diese Muffins sind garantiert kalorienfrei. Allerdings sind sie auch nicht zum Verzehr geeignet. Sie erledigen ihre Aufgabe als Raumduft oder als süße Duftbomben im Kleiderschrank. Damit bieten sie eine hübsche Alternative zum klassischen Lavendelsäckchen.

Aus dem Backpapier sechs Kreise mit einem Durchmesser von ca. 15 cm schneiden. Das zugeschnittene Backpapier jeweils in eine Muffinform legen und das Papier am Rand so knicken, dass es in der Form liegen bleibt.

Zum Natron portionsweise das Wasser dazugeben, so dass aus der Mischung eine dickflüssige Masse entsteht. Ggf. jetzt schon etwas von den getrockneten Lavendelblüten unterrühren.

Die Natron-Wasser-Mischung mit einem Löffel in die Muffinförmchen geben. Dabei darauf achten, dass die Förmchen jeweils nur zu zwei Dritteln gefüllt werden. Im Backofen bei 180 Grad ca. 20 Minuten backen bzw. die Masse trocken und fest werden lassen.

Nach dem Abkühlen jeden Muffin mit Lavendel-Duftöl beträufeln. Für die Aufbewahrung im Kleiderschrank reichen je Muffin 4 bis 5 Tropfen. Als Raumduft kann es etwas mehr sein. Die übrigen getrockneten Lavendelblüten obendrauf streuen.

Mücken SCHRECK

MATERIAL

Wachsgranulat (Weiß)
Kerzendocht
Lavendel-Duftöl
Feuerfestes Tongefäß
Großer und kleiner Topf
Kochlöffel oder Schaschlikspieß

An lauen Sommerabenden können uns blutrünstige Mücken ganz schön nerven. Mit einer Lavendel-Duftkerze wird der Spieß aber ganz schnell umgedreht, denn was für uns ein wohltuender Duft ist, stinkt den Plagegeistern so sehr, dass sie ganz schnell „die Mücke bzw. Fliege machen".

Den Kerzendocht mittig an den Stiel eines Kochlöffels oder um einen Schaschlikspieß knoten und quer über den Rand des feuerfesten Tongefäßes legen. Das untere Dochtende sollte den Boden des Gefäßes berühren.

Das Kerzengranulat in den kleinen Topf füllen und diesen in den großen, mit Wasser gefüllten Topf stellen. Das Granulat im Wasserbad schmelzen, bis es vollständig aufgelöst und flüssig ist.

Einige Tropfen Lavendel-Duftöl unter die flüssige Masse rühren und diese dann in das Tongefäß gießen. Das Kerzenwachs aushärten lassen und den Docht etwa einen Zentimeter oberhalb der Kerze abschneiden.

Zur Dekoration um das Gefäß eine Kordel mit ein paar Lavendel- und Olivenzweigen knoten.

Lavendel GIN

MATERIAL

750 ml Wodka
2 EL Wacholderbeeren
1 Lorbeerblatt
2 Zweige Thymian
2-3 Lavendelblüten
2 Limetten
1 Weckglas (für ca. 1 l)
1 Flasche (für ca. 750 ml)
Kaffeefilter
Trichter

Zuerst die Arbeit, dann das Vergnügen. Im Falle von Gin ist dieses Bonmot durchaus wörtlich zu nehmen. Denn mit einem Schuss Gin im Putzwasser werden Glas- und Spiegelflächen blitzblank. Und danach genehmigt man sich noch einen Schluck direkt aus der Flasche …

Wodka mit Wacholderbeeren in ein Weckglas füllen und gut verschlossen 24 Stunden ziehen lassen.

Die Wacholderbeeren wieder aus dem Wodka holen und stattdessen das Lorbeerblatt, Thymian, Lavendel und die abgeriebene Schale der Limetten hinzufügen. Nochmals 12 Stunden ziehen lassen.

Den Trichter mit dem Kaffeefilter auf die Flasche setzen und den Gin in die Flasche umfüllen.

Einen Schuss Gin in ein Glas geben, mit Tonic Water auffüllen, Eiswürfel und Limettenscheibe dazugeben und mit einem frischen Lavendelzweig servieren.

Tipp: Mit einer selbst gestalteten Banderole um den Flaschenbauch wird ein tolles Geschenk daraus. Die Banderole nach der Vorlage von S. 86 und mit einem ovalen Label-Stanzer mit Wellenrand fertigen.

BEZUGSQUELLEN

Helix Pflanzen GmbH
Ludwigsburger Str. 82
D - 70806 Kornwestheim
www.helix-pflanzen.de
Garten · Glück

Guido Jakobs Fotografie
Weierstraße 7
50354 Hürth
www.guidojakobs.de
Kuschel · Kissen

Paperproducts Design
Am Hambuch 4
D-53340 Meckenheim
www.paperproductsdesign.de

**Grafiche Tassotti s.r.l. Stamperia
in Bassano di Giorgio Tassotti & figli**
Via S.F. Lazzaro
I - 103 Bassano del Grappa (VI)
www.tassotti.it
Seifen · Kiste; Laundry · Paper

Frohstoff – Siebdruck & Textilmanufaktur
Dipl. Textildesignerin Meike Marie Buchholz
Wexstraße 38
D-20355 Hamburg
www.frohstoff.de
Work · Shop; Lavendel · Kissen

Rayher Hobby GmbH
Fockestraße15
D-88471 Laupheim
www.rayher-hobby.de
Bread · Sticks, Lavendel · Pesto, Bade · Salz, Seifen · Kiste,
Spül · Tücher, Bügel · Wasser, Dufte · Muffins, (Lavendel-
Duftöl; Seifen-Gießform; getrocknete Lavendelblüten)

idee. Creativmarkt GmbH & Co KG
Kisau 8
D-33098 Paderborn
www.rico-design.com
Lavendel · Präsent (Papiertüte, lilafarbenes Satinband)
Geschenk · Tüte, (Papiertüten; selbstklebende
(Metallic-)Punkte); Klemm · Bord (Washi-Tape)

Baier&Schneider GmbH & Co. KG
Wollhausstraße 60-62
D-74072 Heilbronn
www.knorrprandell.com
Summer · Memories (Schneekugel; Schneekugel-
Magnet); Klemm · Bord (Mini-Motivstempel);
Bügel · Wasser (Handmade-Stempel); Geschenk · Tüte

WORK SHOP

Möglichkeiten, den herrlich frischen Duft von Lavendel einzufangen, gibt es viele. In diesem Buch haben wir bereits Potpourris, Duft-Muffins und parfümiertes Schrankpapier vorgestellt. Die bekannteste Methode ist aber wohl, die getrockneten Lavendelblüten in ein Leinensäckchen zu füllen und in den Kleiderschrank zu hängen, um Motten fernzuhalten.

Die Hamburger Diplom-Textildesignerin Meike Marie Buchholz hat zu diesem Zweck kleine Leinenkissen mit verschiedenen Motiven im Siebdruckverfahren bedruckt. Unter dem Label Frohstoff sind diese in ihrem Online-Shop erhältlich.

Außerdem führt sie in ihrem Atelier Siebdruck-Workshops durch, wo jeder nach Lust und Laune eigene Kreationen herstellen kann. Wer eine weite Anreise hat, kann anstelle eines Tages- oder Schnupperkurses ein Wochenendseminar buchen und bei der Gelegenheit auch gleich noch die schöne Stadt Hamburg erkunden.

www.frohstoff.de

ONLINE SHOPS

www.helix-pflanzen.de

Die Helix GmbH hat sich der ökologischen, fairen und nachhaltigen Pflanzenproduktion in bester Qualität verschrieben. Aus dem Helix-Onlineshop kommen die unterschiedlichsten Lavendelsorten, auch der Downderry Lavendel, direkt zu Ihnen ins Haus. Außerdem gibt es viele hilfreiche Pflanz- und Pflegetipps auf der Wensite.

www.tassotti.it

Die italienische Buntpapierdruckerei Grafiche Tassotti stellt seit 1957 handgefertigte Papierwaren her. Neben Geschenkpapieren und anderer Papeterie auch Schreibhefte, die in Buntpapier mit Lavendelmotiven geheftet sind. Ein praktisches Accessoire für Lavendel-Liebhaber, z. B. um Wissenswertes rund um Lavendel und den Kräutergarten zu notieren.

www.paperproductsdesign.de

Weniger Einweggeschirr, mehr Schutz für die Umwelt. Unter diesem Motto bringt Paper Products Design – neben FSC®-zertifizierten Servietten – eine jahreszeitlich inspirierte Kollektion mit Porzellan-, Glas- und Bamboo-Produkten auf den Markt. Daraus lässt sich stilvoll mit Lavendel aromatisierter Tee oder Mandelmilch mit Honig und Lavendel zur Entspannung und für einen erholsamen Schlaf genießen.

KRÄUTER  GARTEN

Den Anblick von Lavendelfeldern in Reih und Glied so weit das Auge reicht, den gibt es nicht nur in Südfrankreich. Oberhalb der Rheinebene in der Pfalz herrscht nahezu mediterranes Klima und hier liegt, versteckt zwischen Weinbergen, der Kräutergarten Klostermühle. Das Kloster selbst war ziemlich heruntergekommen, als Lavendel-Liebhaber Klaus Schlosser das Gelände erwarb, um sich hier einen Lebenstraum zu erfüllen.

Mittlerweile ist der Kräutergarten ein herausragendes Ausflugsziel. Im Sommer blühen hier über 40 Lavendelsorten, in der gesamten Farbpalette von Blauviolett über Rosa bis zu Weiß. Auch den Downderry Lavendel aus Kent sieht man hier.

Der Garten ist für die Öffentlichkeit zugänglich, im Sommer finden Lavendelfeste statt und Kräuter- und Lavendelliebhaber*innen begegnen sich hier zum Fachsimpeln und regen Erfahrungs-austausch.

www.kraeutergarten-klostermühle.de

Vorlagen

Mithilfe eines Kopierers lassen sich die Vorlagen am besten in die benötigte Größe übertragen.

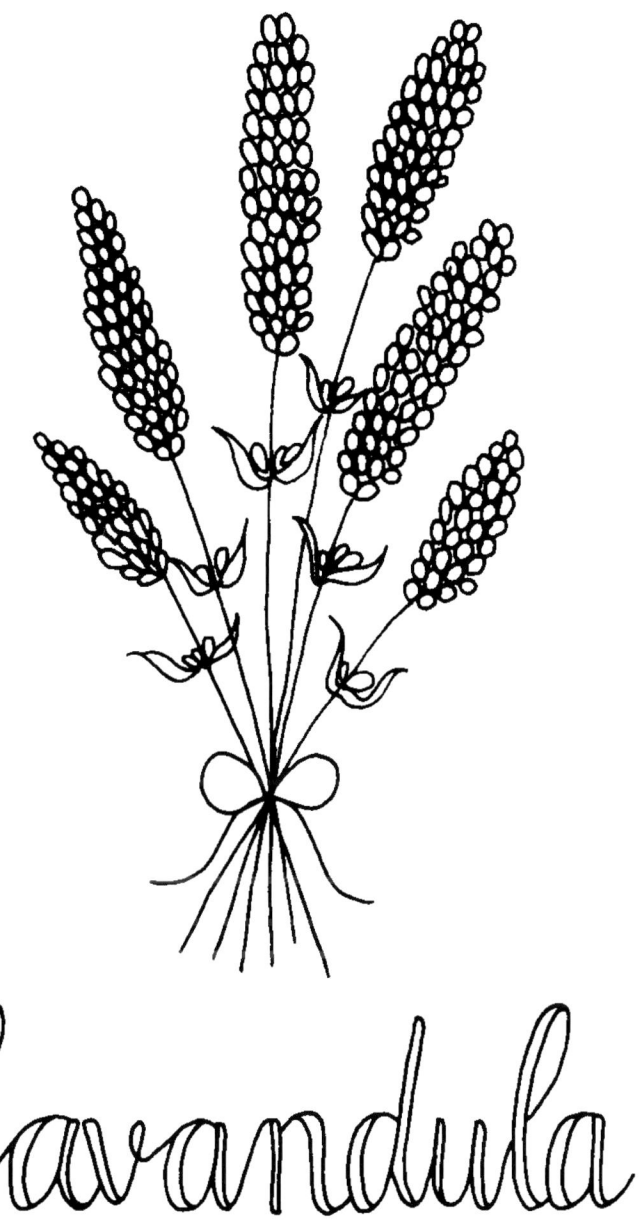

lavandula

EAU
DE
LAVANDE

LAVENDER LOVE

DUFT ○ LIEBE ○ RAUSCH

GIN LAVENDER

Lavendel

—·— FOR YOU ·—

Lavendula

IMPRESSUM

Autorinnen: **Sabine Krämer-Uhl und Jasmin Fischer**

Vorlagen: **Jasmin Fischer**

Fotografie & Styling: **Sabine Krämer-Uhl**

Verantwortlich: **Svenja Wiglinghaus**

Lektorat: **Beate Brix**

Layout: **Sabine Vonderstein**

Umschlaggestaltung: **Leeloo Molnár**

Repro: **LUDWIG:media**

Herstellung: **Stephanie Schlemmer**

Printed in **Slovenia by Florjancic**

Bildnachweis

Fotos mit freundlicher Genehmigung von Helix Pflanzen GmbH: S. 6 links unten, 10, 12, 38, 54, 72, 73, 80, 91.
Guido Jakobs Fotografie: S. 28.
Tobias Pommerich, www.paperproductsdesign.de: S. 79.
Illustrationen: shutterstock artyway, donatas1205, Kapitosh, Zinaida Zaiko

Sind Sie mit diesem Titel zufrieden? Dann würden wir uns über Ihre Weiterempfehlung freuen.

Erzählen Sie es im Freundeskreis, berichten Sie Ihrem Buchhändler oder bewerten Sie beim Onlinekauf. Und wenn Sie Kritik, Korrekturen, Aktualisierungen haben, freuen wir uns über Ihre Nachricht an:
Christian Verlag, Postfach 40 02 09,
D-80702 München oder per E-Mail an
lektorat@verlagshaus.de.

Die Deutsche Nationalbibliothek verzeichnet diese Publikation in der Deutschen Nationalbibliografie; detaillierte bibliografische Daten sind im Internet über http://dnb.d-nb.de abrufbar.

© 2021 Christophorus Verlag in der Christian Verlag GmbH
Infanteriestraße 11a
80797 München

Alle Rechte vorbehalten

ISBN 978-3-8388-3780-2

Unser komplettes Programm finden Sie unter

www.christophorus-verlag.de

 **Kreativ-Service**

Sie haben Fragen zu den Büchern und Materialien? Frau Erika Noll ist für Sie da und berät Sie rund um alle Kreativthemen. Rufen Sie an! Wir interessieren uns auch für Ihre eigenen Ideen und Anregungen. Sie erreichen Frau Noll per E-Mail: **mail@kreativ-service.info** oder Tel.: **+49 (0) 5052 / 91 18 58** Montag – Donnerstag: 9 – 17 Uhr / Freitag: 9 – 13 Uhr

Besuchen Sie uns im Internet: www.christophorus-verlag.de

Ebenfalls erhältlich ...

ISBN 978-3-8388-3762-8

Ein Hingucker für jeden Raum: Trendy Home-Deko für Tisch, Wand und Regal aus Eisendraht selbermachen.

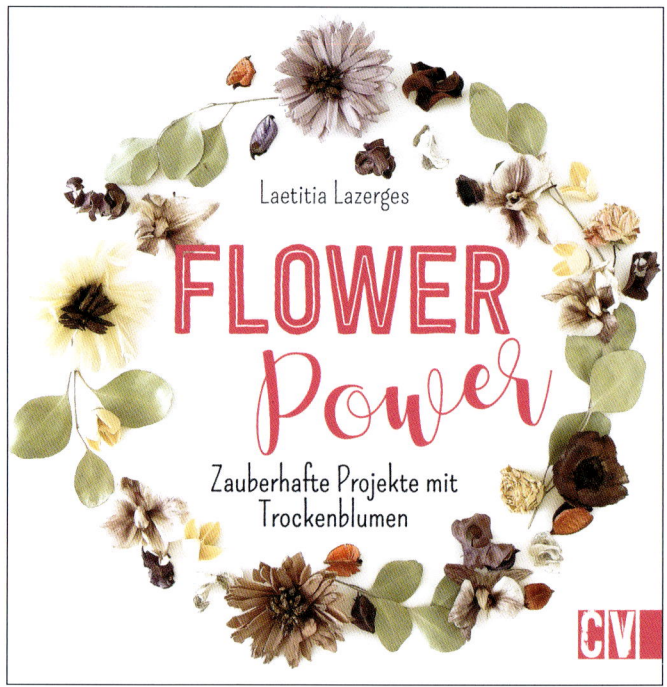

ISBN 978-3-8388-3753-6

Verstaubt und trocken war gestern! Mit diesen DIY-Projekten für Trockenblumen bringen Sie das ganze Jahr über florale Freude in Ihr Zuhause.

Ebenfalls erhältlich ...

ISBN 978-3-8388-3724-6

In der Weihnachtszeit überzeugen Kränze aus verschiedenen Materialien: Aus Tannenzweigen, Holz oder Metall lässt sich allerhand gestalten!

ISBN 978-3-8388-3776-5

Resin mal anders – fern ab von Leinwänden ist das Gießharz alltagstauglich. Es verschönert die Wohnung und als Schmuck auch jeden Look.

www.christophorus-verlag.de